Eerste Beeldwoordenboek
Dieren

First Picture Dictionary
Animals

Varken Pig

Konijn Rabbit

Vlinder Butterfly

Vos Fox

Geïllustreerd door Anna Ivanir

www.kidkiddos.com
Copyright ©2025 by KidKiddos Books Ltd.
support@kidkiddos.com

All rights reserved. No part of this book may be reproduced in any form or by any electronic or mechanical means, including information storage and retrieval systems, without written permission from the publisher, except in the case of a reviewer, who may quote brief passages embodied in critical articles or in a review.
First edition, 2025

Library and Archives Canada Cataloguing in Publication
First Picture Dictionary – Animals (Dutch English Bilingual edition)
ISBN: 978-1-83416-537-0 paperback
ISBN: 978-1-83416-538-7 hardcover
ISBN: 978-1-83416-536-3 eBook

Wilde Dieren
Wild Animals

Leeuw
Lion

Tijger
Tiger

Giraf
Giraffe

✦ *Een giraf is het langste dier op het land.*
✦ A giraffe is the tallest animal on land.

Olifant
Elephant

Aap
Monkey

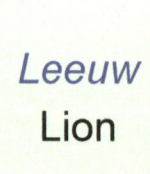

Wilde Dieren
Wild Animals

Nijlpaard
Hippopotamus

Panda
Panda

Vos
Fox

Neushoorn
Rhino

Hert
Deer

Eland
Moose

Wolf
Wolf

✦ *Een eland is een goede zwemmer en kan onder water duiken om planten te eten!*

✦ A moose is a great swimmer and can dive underwater to eat plants!

Eekhoorn
Squirrel

Koala
Koala

✦ *Een eekhoorn verstopt noten voor de winter, maar vergeet soms waar hij ze heeft verstopt!*

✦ A squirrel hides nuts for winter, but sometimes forgets where it put them!

Gorilla
Gorilla

Huisdieren
Pets

Kanarie
Canary

Cavia
Guinea Pig

✦ *Een kikker kan ademen via zijn huid én zijn longen!*
✦ A frog can breathe through its skin as well as its lungs!

Kikker
Frog

Hamster
Hamster

Goudvis
Goldfish

Hond
Dog

✦ *Sommige papegaaien kunnen woorden nadoen en zelfs lachen als een mens!*

✦ Some parrots can copy words and even laugh like a human!

Kat
Cat

Papegaai
Parrot

Boerderijdieren
Animals at the Farm

Koe
Cow

Kip
Chicken

Eend
Duck

Schaap
Sheep

Paard
Horse

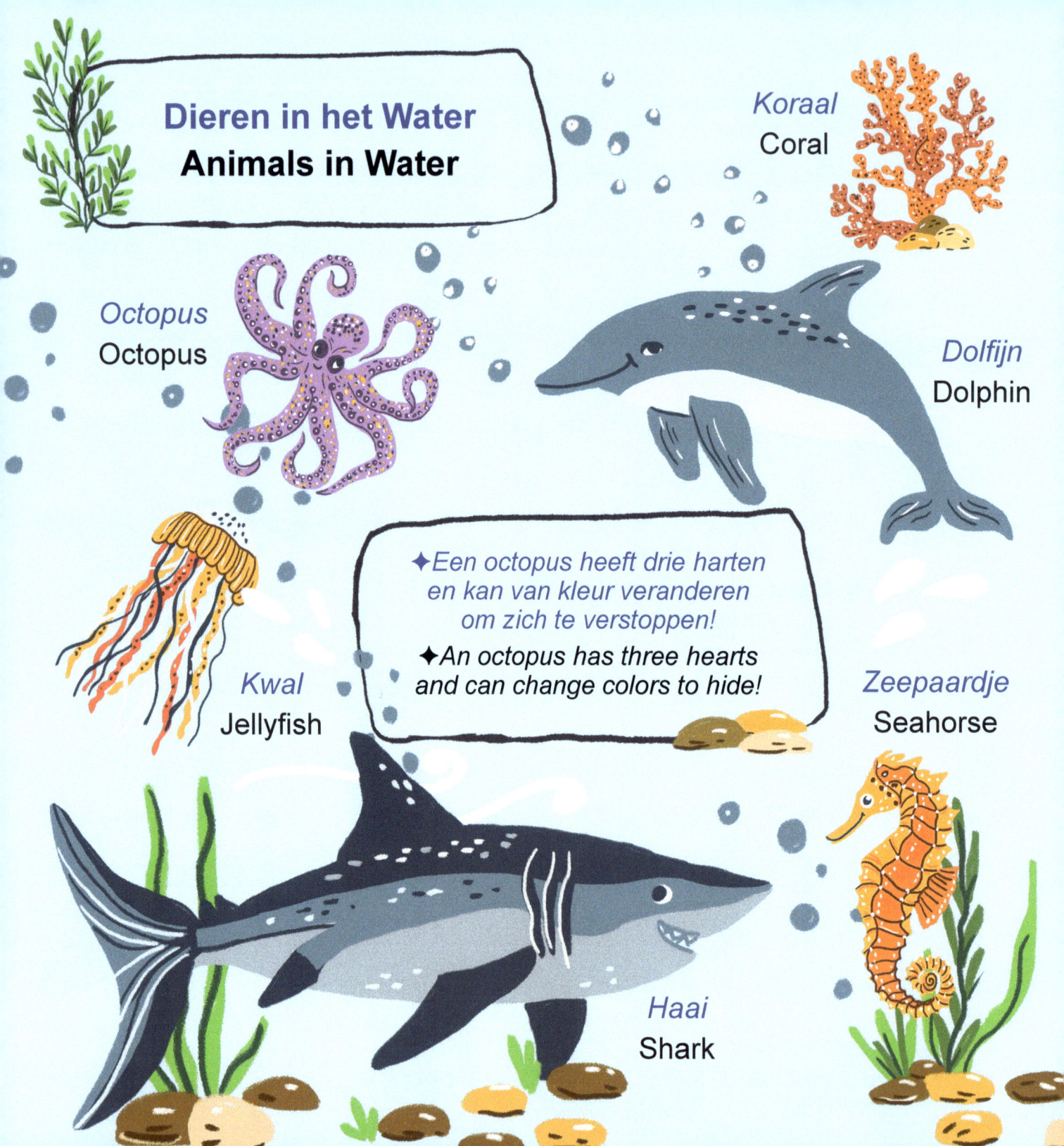

Das
Badger

Stekelvarken
Porcupine

Bosmarmot
Groundhog

✦ *Een hagedis kan een nieuwe staart laten groeien als hij zijn staart verliest!*
✦ A lizard can grow a new tail if it loses one!

Hagedis
Lizard

Mier
Ant

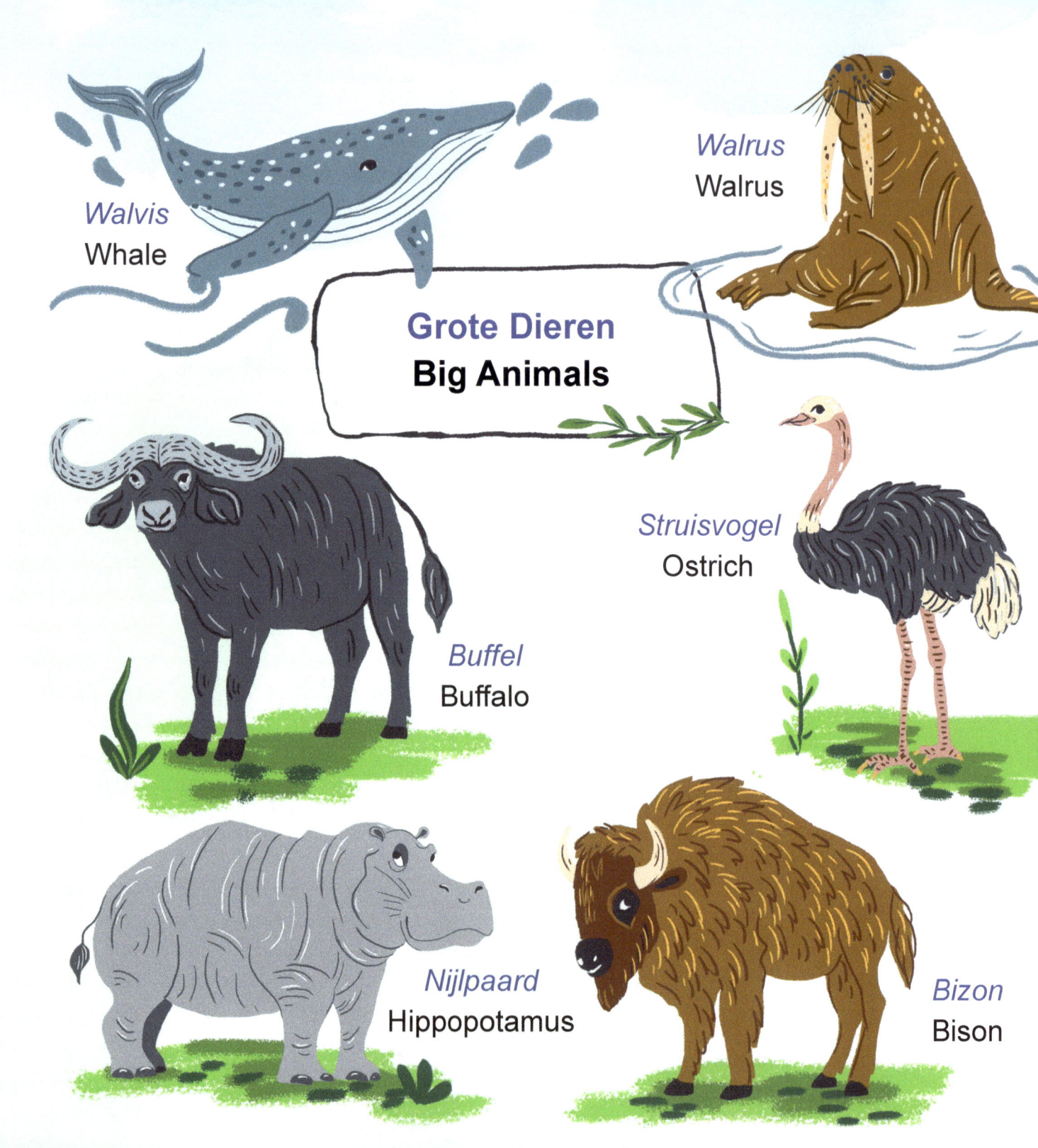

Kleine Dieren
Small Animals

Kameleon
Chameleon

Spin
Spider

✦*Een struisvogel is de grootste vogel, maar hij kan niet vliegen!*
✦An ostrich is the biggest bird, but it cannot fly!

Bij
Bee

✦*Een slak draagt zijn huis op zijn rug en beweegt zich heel langzaam voort.*
✦A snail carries its home on its back and moves very slowly.

Slak
Snail

Muis
Mouse

Uil
Owl

Vleermuis
Bat

◆ *Een vuurvlieg licht op in de nacht om andere vuurvliegen te vinden.*
◆ A firefly glows at night to find other fireflies.

◆ *Een uil jaagt 's nachts en gebruikt zijn gehoor om voedsel te vinden!*
◆ An owl hunts at night and uses its hearing to find food!

Wasbeer
Raccoon

Vogelspin
Tarantula

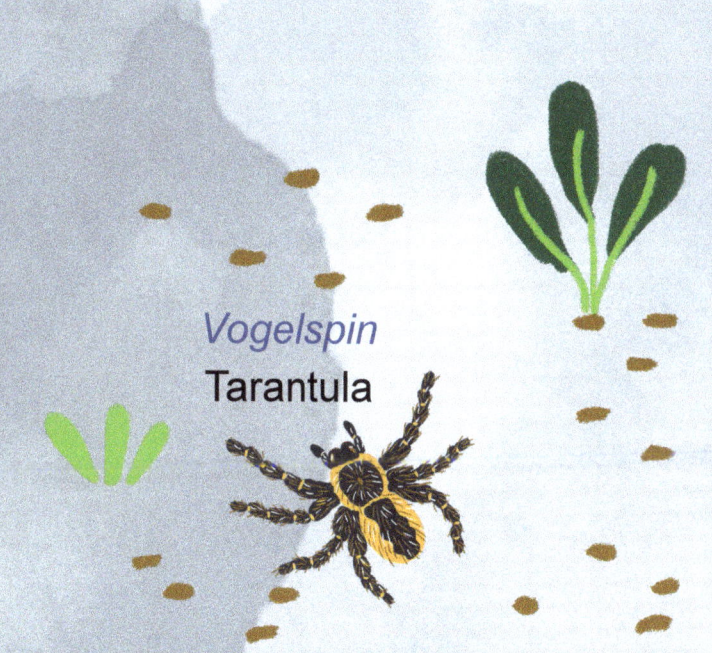

Kleurrijke Dieren
Colorful Animals

Een flamingo is roze
A flamingo is pink

Een uil is bruin
An owl is brown

Een zwaan is wit
A swan is white

Een octopus is paars
An octopus is purple

Een kikker is groen
A frog is green

✦ *Een kikker is groen, zodat hij zich kan verstoppen tussen de bladeren.*
✦ A frog is green, so it can hide among the leaves.

Dieren en Hun Jongen
Animals and Their Babies

Koe en Kalf
Cow and Calf

Kat en Kitten
Cat and Kitten

Kip en Kuiken
Chicken and Chick

✦ *Een kuiken praat met zijn moeder nog voordat het uit het ei komt.*

✦ *A chick talks to its mother even before it hatches.*

Hond en Puppy
Dog and Puppy

Vlinder en Rups
Butterfly and Caterpillar

Schaap en Lammetje
Sheep and Lamb

Paard en Veulen
Horse and Foal

Varken en Biggetje
Pig and Piglet

Geit en Geitenlammetje
Goat and Kid

www.ingramcontent.com/pod-product-compliance
Lightning Source LLC
LaVergne TN
LVHW072055060526
838200LV00061B/4740